I0843293